GUÍA DE LECTURA

Escrita por Lise Ageorges
Traducida por Marta Sánchez Hidalgo

La nariz

de Nikolái Gógol

Entiende fácilmente la literatura con

ResumenExpress.com

www.resumenexpress.com

NIKOLÁI GÓGOL

ESCRITOR RUSO

- **Nacido en 1809 en Sorochyntsi (Rusia)**
- **Fallecido en 1852 en Moscú (Rusia)**
- **Algunas de sus obras:**
  - *Veladas en un caserío de Dikanka* (1831-1832), recopilación de relatos
  - *Arabescos* (1835), recopilación de relatos
  - *Almas muertas* (1842-1852), novela

Nikolái Vassilievich Gógol, nacido en 1809, hijo de un terrateniente de Ucrania, va a San Petersburgo con 20 años para estudiar administración. Enseguida fracasa en sus ambiciones, abandona la burocracia en 1831 para consagrarse únicamente a la literatura. Le presentan a Pushkin, quien le anima a escribir. Primero le reconocen sus recopilaciones de relatos: *Veladas en un caserío de Dikanka* (1831-1832) y *Arabescos* (1835). Vive el éxito teatral de *El inspector general* en 1836 como un malentendido, de donde resulta un largo período de peregrinaciones por Europa Occidental. Desde 1840 hasta su muerte, se dedica a la escritura de *Almas muertas*, su obra maestra inacabada. Estando muy frágil psicológicamente, poco a poco cae en el misticismo y la locura.

LA NARIZ

UNA NOVELA FANTÁSTICA Y GROTESCA

- **Género:** novela
- **Edición de referencia:** Gógol, Nikolái. 2012. *La nariz*, en *Cuentos*. Traducido por Nina y Anatole Saderman. Buenos Aires: Ediciones Corregidor
- **Primera edición:** 1835
- **Temáticas:** sociedad rusa, ridículo, ambición, burocracia, pobreza, soledad

La nariz, publicado por primera vez en 1835 en la revista *El contemporáneo* con una presentación de Aleksandr Pushkin, también aparece en la recopilación titulada *Los relatos de San Petersburgo* (1843). Kovaliov, héroe de este relato, es un pequeño funcionario seguro de sí mismo y apasionado por el reconocimiento social. Un buen día, sin razón aparente, le desaparece la nariz. Kovaliov, ofendido, va a buscar su nariz convencido de que ha sido víctima de un complot. La búsqueda desesperada de Kovaliov es la ocasión de Gógol para describir la sociedad de San Petersburgo y mostrar sus defectos, sus bajezas y su vacuidad. Gógol, precursor del absurdo, muestra a través de este relato personajes sin envergadura que se pierden en un universo sin sentido.

RESUMEN

EL DESCUBRIMIENTO DE LA NARIZ EN EL TROZO DE PAN

El 25 de marzo por la mañana, el barbero Iván Iákovlevich se encuentra una nariz en un trozo de pan que se disponía a comer. Su esposa lo injuria y lo acusa de haberle cortado la nariz a uno de sus clientes. Cuando amenaza con denunciarlo a la policía, Iván reconoce la nariz del asesor colegiado Kovaliov, al que afeita dos veces por semana.

IVÁN QUIERE DESHACERSE DE LA NARIZ

Iván, que no sabe qué hacer con la nariz, quiere dejarla en una esquina entretanto, pero su mujer se niega a tener en casa una nariz cortada. Preocupado por la idea de que los policías lo encuentren en posesión de la nariz, decide deshacerse de ella. Pero cuando se dispone a lanzar la nariz en el Neva, un oficial de policía lo interpela y le pregunta qué está haciendo. No se revela al lector el final del interrogatorio.

EL DESPERTAR DEL ASESOR

El asesor se despierta y, al mirarse en un espejo para quitarse un grano que tenía en la nariz, descubre con estupor que no tiene nariz. Va directamente al jefe de policía. Por el camino, se detiene en una cafetería para contemplar su reflejo en un cristal y asegurarse de que no haya sido víctima de una alucinación. Está obligado a ver las cosas como son: su nariz ha desaparecido por completo.

KOVALIOV SE ENCUENTRA «NARIZ A NARIZ» CON SU NARIZ

A Kovaliov, al salir de la cafetería, le ocurre algo increíble: su nariz aparece ante él vestida con un bonito uniforme. Descubre por su aspecto que es consejera de Estado. Kovaliov, intimidado, la aborda, pero no consigue exponerle claramente el objeto de su demanda. El consejero de Estado, molesto, pone fin a la conversación y se escabulle en un momento de distracción del asesor.

EL ANUNCIO EN LA PRENSA

Después de haber pensado en un principio dirigir su queja a la prefectura de policía, Kovaliov abandona el proyecto y decide recurrir a la prensa. Cuenta su historia al empleado de la oficina de anuncios, pero éste declara que ningún periódico aceptará su anuncio. Como siente que no se le toma en serio, Kolaviov descubre su rostro. El empleado le aconseja exponer su caso a un escritor. El asesor, desesperado, abandona la oficina de anuncios y se dirige hacia la comisaría del barrio.

EN CASA DEL COMISARIO

El comisario recibe a Kovaliov con frialdad y hace reflexiones desagradables sobre su rango. El asesor, como siente que hieren su dignidad, se retira y se va a su casa.

LA NARIZ HALLADA

Kovaliov reflexiona sobre su situación con amargura. Desprovisto de su nariz siente que le han amputado su honor y su virilidad. Busca a los responsables de esta pérdida y piensa en la señora Podotchine, con cuya hija no ha querido casarse. Entonces imagina una forma para confundirle cuando un oficial irrumpe para traerle su nariz milagrosamente encontrada. La felicidad de Kovaliov dura poco: la ha encontrado, pero tiene que buscar la manera de pegarla de nuevo en su sitio. Como no lo consigue, llama a un médico. Pero el médico no es de gran ayuda: se niega a operarlo, con la excusa de que su situación empeoraría si volviese a poner la nariz en su sitio.

CARTA A LA SEÑORA PODOTCHINE

Kovaliov, desamparado, decide escribir a la señora Podotchine, a la que considera responsable de su desgracia. En su carta, la advierte de que si su nariz no vuelve a su lugar habitual lo más rápido posible, apelará a la justicia. En la carta que ésta le dirige como respuesta, Kovaliov comprueba que no tiene nada que ver con la pérdida de su nariz.

LA NARIZ VUELVE A SU LUGAR

Mientras la historia de Kovaliov apasiona a los círculos mundanos de San Petersburgo y corren muchos rumores sobre el tema, la nariz reaparece un buen día en su lugar. Kovaliov retoma su vida de antes y recupera su buen humor habitual. Al final del relato, el narrador expresa su escepticismo en cuanto a la veracidad y el interés de la historia de Kovaliov y concluye que después de todo, todo llega en este mundo.

ESTUDIO DE LOS PERSONAJES

EL ASESOR KOVALIOV

Kovaliov, asesor colegiado caucásico, está extremadamente orgulloso de su situación social, que pone de relieve al llamarse «mayor». Ha ido a San Petersburgo con el objeto de conseguir un empleo de vicegobernador o de inspector de una administración importante.

Es coqueto, otorga mucha importancia a su apariencia. Cuando se pasea por la avenida Nevski, lleva ropa siempre perfectamente planchada, luce patillas perfectamente dibujadas y cuelga de su ropa numerosos dijes de cornalina (piedra preciosa de color rojo utilizada en bisutería). Es seductor, le gusta cortejar a las mujeres. No está casado y no se casará por menos de doscientos mil rublos de dote.

La pérdida de su nariz es un verdadero drama para Kovaliov. Su vida social se reduce a la nada: ¿cómo seducir y presentarse en los salones mundanos sin su nariz? Él, que era un orgulloso, se encuentra en la posición del humillado: debe suplicar ayuda al médico, bajar el tono ante el funcionario de la oficina de anuncios, soportar las observaciones descorteses del comisario, etc. Su desgracia es tema de conversación en las recepciones mundanas.

La dignidad de Kovaliov y su sentimiento de superioridad se deben a una nariz. Sin este órgano, no existe. La pérdida de su nariz es un castigo a su orgullo desmesurado, pero no lo cura. Cuando encuentra su nariz, vuelve a ser como antes.

IVÁN IÁKOVLEVICH

Excepto por el momento en el que se encuentra con la nariz, Iván Iákovlevich no tiene un gran papel en la historia. Interviene sólo al principio y al final. Sin embargo su presencia es importante porque, en la descripción que Gógol hace de la sociedad de San Petersburgo, representa el ejemplo de un artesano.

Iván Iákovlevich, barbero, vive con el miedo a su esposa «respetable», que lo reprende a cada momento. En el desayuno, no se atreve a pedirle pan y café por miedo a que se enfade. Ella se dirige a él en términos poco elogiosos: «idiota», «animal [...] pillo, borrachín. ¡Qué bestia!» (Gógol 2012, 228).

Iván Iákovlevich se nos presenta aparentemente como un «respetable ciudadano» (Gógol 2012, 230), «buen conocedor de los reglamentos» (*ib.*), pero, «como todo artesano ruso que se respete» (Gógol 2012, 229), también es un alcohólico empedernido. Se preocupa poco por su apariencia física, luce un traje «parduzco; es decir, era negro, pero se hallaba cubierto de manchas pardas, amarillas y grises» (*ib.*) y, según lo que dice Kovaliov, sus manos no huelen muy bien.

Cuando se encuentra en posesión de la nariz de Kovaliov, el barbero no actúa de forma muy honorable. En lugar de devolvérsela a su propietario, busca el medio de librarse por miedo a ser detenido por la policía. Es cobarde y tímido y reaparece al final «como el gato recién castigado por haber robado tocino» (Gógol 2012, 253). Así pues, su supuesta respetabilidad es relativa.

EL FUNCIONARIO DE LA OFICINA DE ANUNCIOS

El funcionario de la oficina de anuncios es un empleado «de blancos cabellos, vestido con un viejo traje, estaba sentado a una mesa y, sosteniendo con los dientes la pluma, contaba las monedas de cobre de una paga» (Gógol 2012, 238). Como Akaki en *El capote*, parece que trabaja en esto desde hace tiempo. Es educado sin ser sumiso, cumple su trabajo con seriedad y escucha la historia de Kovaliov con atención. Decide no publicar el anuncio después de reflexionar: «El funcionario se quedó pensando», «No, yo no puedo publicar en el periódico semejante aviso – dijo, tras un prolongado silencio» (Gógol 2012, 240). Conmovido por la historia de Kovaliov, quiere manifestarle su simpatía ofreciéndole tabaco, pero éste se lo toma como una ofensa.

En medio de la retahíla de personajes arribistas satisfechos de sí mismos, el empleado de la oficina de prensa encarna la simplicidad y la discreción.

LOS POLICÍAS

Aunque la censura haya endulzado las palabras de Gógol, se distingue la crítica del autor al mundo de la policía.

El jefe de policía

Acaba de salir cuando Kovaliov llega, ¿es pura casualidad?

El comisario

Cuando Kovaliov va a visitar al comisario, éste se acaba de despertar de su siesta. Corrupto por el dinero («[…] [él] prefería un simple billete […] No hay nada mejor […] ocupa poco lugar… », Gógol 2012, 243), salva las apariencias porque es muy aficionado «a las artes y a cualquier tipo de manufacturas» (*ib.*). No se fía de Kovaliov porque es de un grado inferior al suyo.

El inspector de policía

Es elegante, tiene una «buena presencia», con «las patillas ni demasiado oscuras ni demasiado claras» (Gógol 2012, 246). Aparece dos veces en el relato: la primera para llamar la atención a Iván Iákovlevich, que estaba a punto de lanzar la nariz al Neva, y la segunda para devolver la nariz a su propietario. En los dos casos, la escena se interrumpe bruscamente y deja al lector en la incertidumbre. Frente a Kovaliov, el inspector insiste mucho en su mala vista, en la de su madre, la carestía de la vida y el coste de los estudios de su hijo. Quiere enternecer a Kovaliov para que le dé un poco de dinero. Aunque no esté escrito claramente porque la censura eliminó el fragmento, se puede adivinar sin dificultad. La escena entre Iván y el policía deja entrever también una alusión a la corrupción, pero el autor no deja entrever más: «Pero en este punto el suceso se cubre de niebla, e ignoramos por completo lo que ocurrió después» (Gógol 2012, 231).

El médico

El médico da una imagen muy cuidada y elegante: es «un

hombre de aspecto imponente, con hermosas patillas color azabache» y cuida con mucho esmero su salud mental («Por la mañana [...] cuidaba minuciosamente la pulcritud de su boca, lavándose los dientes con cinco cepillitos distintos» Gógol 2012, 248). Su mujer es «sana y fresca» (*ib.*) y vive «ocupaba en la misma casa el mejor apartamento» (*ib.*). Pero esta dignidad excesiva es sólo una fachada tras la que el médico oculta su incompetencia. De hecho, usa métodos bastante sorprendentes: asesta dos golpes a Kovaliov en la cabeza y comprueba con los dedos que no tiene nariz. Los cuidados que aconseja son muy raros: lavarse con frecuencia con agua fría y meter la nariz en un frasco. Como se niega a admitir su incompetencia, pretexta que el estado de Kovaliov empeoraría si lo operara y que es más sensato dejar actuar a la naturaleza. Es hipócrita, asegura trabajar por respeto a «los principios de su arte» (Gógol 2012, 249) y no por dinero, pero le pagan por su trabajo.

CLAVES DE LECTURA

EL MUNDO DE LA BUROCRACIA RUSA

La nariz se desarrolla en un ambiente muy jerarquizado de la burocracia rusa. Según el narrador, se trata de un mundo muy susceptible: Kovaliov, muy orgulloso de su función, se toma mal los comentarios del comisario, que interpreta como un ataque a su rango.

En la burocracia rusa existen numerosos rangos (catorce en total) que se corresponden a estatus muy definidos en la sociedad. Kovaliov es asesor colegiado, pero dentro de este grado se diferencia el asesor colegiado del Cáucaso que ha conseguido esta posición gracias a una prima de alejamiento (como Kovaliov) del asesor colegiado que ha conseguido este título por sus estudios. La obsesión de subir con esfuerzo los escalones y obtener más poder anima a los funcionarios. Por eso Kovaliov aspira a un puesto de vicegobernador o de inspector, y la pérdida de su nariz constituye para él un obstáculo mayor en sus proyectos de promoción.

En el seno de esta comedia social, cada uno está exhortado a asumir un papel y a regular su comportamiento en función de éste. Kovaliov, en búsqueda del ascenso social, otorga mucha importancia a su aspecto (patillas, dijes de cornalina, camisas planchadas). La forma de vestir muestra el rango al que uno pertenece: de esta forma, Kovaliov reconoce que su nariz es consejera de Estado por su apariencia. Tras la apariencia pomposa se suele esconder la incompetencia: es el caso del médico, cuyas formas muy delicadas y elegancia no llegan a disimular su ignorancia. Finalmente, el empleado de la oficina, que no tiene nada que demostrar ni esconder, parece el más sincero y honesto de todos.

La burocracia rusa, estancada y arcaica, conduce a sus funcionarios a una existencia sin transcendencia, movida por un solo y único objetivo: la promoción social. En el seno de este mundillo, Kovaliov, como funcionario sin envergadura, hace su papel sin hacerse la más mínima pregunta.

EL CONFLICTO ENTRE LA REALIDAD Y LA FANTASÍA

Gógol hace coexistir la realidad y la fantasía en este relato.

Gógol está considerado el padre del realismo ruso y se dedica a mostrar la realidad de la sociedad rusa en sus relatos y novelas. *La nariz* se sitúa de esta forma en un contexto típicamente ruso: el medio de la burocracia, las alusiones a los matrimonios de conveniencia, el ambiente de San Petersburgo, etc. Se nombran las calles y los puentes donde se desarrolla la acción, que tienen nombre y se corresponden a sitios reales. La realidad también se nos presenta a través de los hombres: los artesanos, los funcionarios, los médicos e incluso los empleados de la oficina representan las diferentes clases sociales. El lector accede a una visión panorámica de la sociedad rusa a través del narrador.

Gógol no se contenta con una observación social superficial: explora las partes más oscuras y pone de relieve los signos de una sociedad en crisis. Esta crisis viene de los propios personajes, que intentan escapar de su vida banal y convertir sus deseos y sueños en realidad. En *La nariz*, esta crisis se caracteriza por la intrusión de la fantasía en la realidad, intrusión que toma forma de castigo. Kovaliov, personaje muy fatuo, es castigado por ambicioso con un hecho tan increíble como ridículo: la desaparición de su nariz. La nariz, después de que el barbero la encuentre en su pan, se convierte en consejera de Estado y sus idas y venidas son tema de conversación en los círculos mundanos. La desaparición de su nariz, más allá de su evidente dimensión fantástica, tiene una dimensión simbólica. Kovaliov deja de existir cuando pierde su nariz porque entonces no puede desempeñar su papel en la sociedad de San Petersburgo; sus ambiciones se reducen a la nada. A través de lo maravilloso, Gógol ridiculiza el arribismo y la pretensión de sus contemporáneos.

La aparición de lo fantástico no parece provocar una incredulidad desmesurada en los personajes, que aceptan completamente que una nariz pueda transformarse en consejera de Estado y pasear por la avenida Nevski. Al contrario, lo fantástico despierta su curiosidad porque los saca de la monótona realidad. Por ello Gógol es precursor del absurdo: porque revela, a través de los personajes de su relato, la vacuidad de un universo sin sentido ni transcendencia.

La presencia de elementos fantásticos no pone totalmente en tela de juicio el realismo del relato, muestra una sociedad en crisis, desgarrada entre sus sueños y la realidad, incapaz tanto de cumplir sus deseos como de elegir la monotonía de la realidad.

EL PAPEL ESENCIAL DEL NARRADOR

El narrador está muy presente y hace incursiones en primera persona en el relato para comentar la acción, expresar su opinión de los personajes o interpelar al lector. El narrador se compromete personalmente en el relato, como un cuentacuentos que interrumpe una narración oral para dirigirse directamente al público presente.

El narrador tiene el papel de guía del lector. Analiza las relaciones sociales y explica realidades sociales típicas de la sociedad rusa. De esta forma, al principio del relato, se preocupa de precisar la diferencia entre asesor colegiado y asesor del Cáucaso para no crear confusión. El narrador quiere suscitar la empatía del lector dirigiéndose a él a menudo: «Para que el lector se dé cuenta de la clase de asesor colegiado que era» (Gógol 2012, 231); «Creo que el lector tiene ya suficientes elementos para juzgar [...]» (Gógol 2012, 232). El lector comparte así el punto de vista del narrador sin poder oponerse y el narrador no duda en rebatir las supuestas reticencias del lector: «Dígase lo que se quiera, la verdad es que semejantes sucesos ocurren en el mundo, muy raras veces, pero ocurren» Gógol 2012, 256).

Finalmente, el narrador es todopoderoso. Organiza el relato como le parece, se permite elipsis, digresiones y muestra una cierta indiferencia. Del mismo modo que el narrador de *Don Quijote de la Mancha* (1605), Cervantes (escritor español, 1547-1616), el narrador de *La nariz* no duda en detener el relato en plena acción y dejar al lector en la ignorancia, con la excusa de que «el suceso se cubre de niebla, e ignoramos por completo lo que ocurrió después» (Gógol 2012, 231).

El narrador, atrevido, cuestiona al final de *La nariz* la historia que acaba de contar al decir para empezar que es «totalmente inverosímil», luego se retracta y afirma que «semejantes sucesos ocurren en el mundo, muy raras veces, pero ocurren» (Gógol 2012, 256).

LA SIMBOLOGÍA DE LA NARIZ

La nariz simboliza la ambición de Kovaliov. Este personaje, epónimo del relato, es un protagonista importante; su importancia se manifiesta principalmente por su rica apariencia: «llevaba uniforme bordado de oro, con cuello alto y muy rígido, pantalones de gamuza y espada colgada en su costado izquierdo» (Gógol 2012, 233). La nariz es consejera de Estado y por su posición jerárquica elevada encarna aquello a lo que Kovaliov aspira y suscita incluso sus celos. El asesor se siente doblemente robado: le han desprovisto de su órgano olfativo y de su estatus social.

Sin nariz, Kovaliov no existe socialmente: «un hombre es una cosa cualquiera sin su nariz: ni pájaro ni ciudadano... ¡una porquería que se puede tirar por la ventana!» (Gógol 2012, 244). No puede presentarse ante la alta sociedad de San Petersburgo ni dedicarse al placer de seducir a las jóvenes que pasan por la avenida Nevski: está obligado a esconderse de los otros. Debido a la importancia que Kovaliov da a la pérdida de su nariz, podemos pensar que la nariz es la parte más respetable de un hombre y que tiene incluso un significado de orden social.

Uno de los mayores vicios de las gentes de San Petersburgo en la época de Gógol es el tabaco. Kovaliov sin su nariz no puede entregarse a este acto social. Y su falta se hace más significativa cuando el empleado del periódico le ofrece un cigarrillo: «este gesto sacó de quicio a Kovaliov» (Gógol 2012, 242). Cuando su apéndice nasal vuelve a su lugar original, fuma con ostentación ante la señora Podotchine y su hija.

Por otro lado, la sensibilidad a los olores es un símbolo de superioridad social en este mundillo tan jerarquizado. Los pobres no huelen nada, mientras que los ricos tienen narices delicadas. Kovaliov se queja de la suciedad de las manos del barbero Iákovlevich, mientras que él no se da cuenta de nada: «¿Y por qué van a apestar?» (Gógol 2012, 229). El médico cuida exageradamente su aliento, mientras que el sastre (Gógol 2011) y su mujer viven en una atmósfera fétida y malsana.

PISTAS PARA LA REFLEXIÓN

ALGUNAS PREGUNTAS PARA PROFUNDIZAR EN SU REFLEXIÓN…

- ¿Qué papel(es) tiene el narrador en este relato?
- ¿Cómo presenta Gógol el ridículo de los personajes en *La nariz*?
- ¿Cómo afrontan los personajes de *La nariz* la intrusión de lo fantástico en su día a día?
- ¿Cómo evoluciona el personaje de Kovaliov? ¿Podemos decir que ha evolucionado entre el principio y el final del relato?
- ¿Por qué podemos decir que la visión de Gógol de la sociedad rusa es profundamente pesimista?
- ¿Qué revela este relato sobre las relaciones sociales en la sociedad de San Petersburgo de la época?
- Analice el papel de lo fantástico en el relato.
- ¿Podemos calificar este relato de fantástico? Justifique su respuesta.
- ¿Qué efectos producen en el lector las numerosas intervenciones del narrador?
- «De esta modo, en nuestra Santa Rusia todo está contaminado de imitación: cada cual quiere parecerse a su superior» (Gógol 2011, 283). Analice esta cita en relación con el relato.

¡Su opinión nos interesa!
¡Deje un comentario en la página web de su librería en línea,
y comparta sus favoritos en las redes sociales!

PARA IR MÁS ALLÁ

EDICIÓN DE REFERENCIA

- Gógol, Nikolái. 2012. *La nariz,* en *Cuentos*. Traducido por Nina y Anatole Saderman. Buenos Aires: Ediciones Corregidor.

ESTUDIOS DE REFERENCIA

- Gógol, Nikolái. 2011. *El capote*. Ilustrado por Noemí Villamuza. Traducido por Víctor Gallego. Madrid: Nórdica Libros.
- Nivat, Georges. 1982. *Vers la fin du mythe russe. Essais sur la culture russe de Gogol à nos jours*. Lausana: Ediciones L'Âge d'Homme, colección *Slavica*.